Inhalt

Global Sourcing

Kernthesen

Beitrag

Fallbeispiele

Weiterführende Literatur

Impressum

GENIOS WirtschaftsWissen Nr. 02/2005 vom 10.02.2005

Global Sourcing

I.Zeilhofer-Ficker

Kernthesen

- Nur wenige deutsche Firmen nutzen die durch Global Sourcing möglichen Kosteneinsparpotenziale.
- Zum realen Preisvergleich von Angeboten aus verschiedenen Ländern müssen nicht Einstandspreise sondern Total Cost of Ownership Kalkulationen verglichen werden.
- Den Kostenvorteilen des Global Sourcing stehen in Entwicklungs- und Schwellenländern häufig Risiken bezüglich Qualität, Logistikmöglichkeiten sowie Rechtsunsicherheit entgegen.
- Einkaufskontakte können zur Erschließung von interessanten Zukunftsmärkten genutzt werden.

- Ziel des Global Sourcing sollte es sein, nicht den billigsten sondern den besten Lieferanten zu finden.

Beitrag

Global Sourcing im Handel

Für Otto Normalverbraucher ist Global Sourcing längst das Normalste der Welt. Im Winter liegen frische Äpfel aus USA oder Erdbeeren aus Ägypten in den Supermarktregalen. Kiwis kommen aus Neuseeland, Kirschen aus Ungarn und Trauben aus der Türkei. Im Jahr 2003 wurden so 8,4 Milliarden Tonnen an Frischobst aus Drittländern in die EU-15 importiert. (1)

Unsere Kleidung wird zum größten Teil in China hergestellt und im Inland gefertigte Haushaltsgeräte oder Spielwaren gibt es auch kaum noch im Handel. Für Einkäufer von großen Handelsketten gehört es längst zum täglichen Geschäft, den Globus nach den billigsten und besten Waren abzusuchen. (2)

Global Sourcing in der Industrie

Die Einkäufer in der Industrie tun sich größtenteils noch schwer mit der Aufgabe, Lieferanten überall auf der Welt zu suchen und aufzubauen. Nur wenige deutsche Unternehmen kaufen international ein. Der im Jahr 2003 ermittelte Wert von 13 Prozent dürfte zwar in der Zwischenzeit etwas gestiegen sein, doch es ist sicher nach wie vor Tatsache, dass viel weniger deutsche als beispielsweise französische, spanische oder amerikanische Einkäufer von den teils enormen Kostenvorteilen des weltweiten Einkaufs profitieren. Die Einsparungen der deutschen Einkaufsabteilungen liegen daher rund ein Fünftel unter dem weltweiten Durchschnitt von 16 Prozent. (3), (4), (5), (www.bme.de)

Die EU-Beitrittsländer im Osten werden zwar schon häufiger für das Sourcing herangezogen, aber preisinteressante "Off-Shore-Länder" wie China und Indien sieht man meist als zu risikoreich und unsicher an. (5), (www.bme.de)

Dabei sinkt der eigene Wertschöpfungsanteil der Unternehmen an den Produkten konstant. In der Automobilindustrie wird mittlerweile rund 70 Prozent der Wertschöpfung von Zulieferern erbracht. Aber auch in anderen Branchen ist der Anteil der selbst erbrachten Leistung am sinken. Mit dem Anteil an Fremdleistungen steigt aber gleichzeitig die Bedeutung des Einkaufs. Kosteneinsparungen bei Zulieferteilen schlagen sich direkt auf den Gewinn durch und können oft den entscheidenden Kostenvorteil zur Wettbewerbsfähigkeit eines Unternehmens liefern. (6), (12)

Vorteile und Risiken des Global Sourcing

Arbeitsintensive Produkte kauft man am günstigsten in Ländern mit niedrigen Personalkosten. In der BRD liegt der durchschnittliche Arbeitsstundensatz bei 26,36 Euro, in Polen bei 6,59 Euro und in China gar nur bei 0,61 Euro pro Stunde. Es liegt also auf der Hand, dass ein chinesischer Anbieter, zu einem wesentlich günstigeren Preis liefern kann, als ein deutscher. (2), (www.bme.de)

Es wäre allerdings fatal, wenn man die Kaufentscheidung nur auf der Basis von Einstandspreisvorteilen treffen würde. Denn je nach Land können bis zu 40 Prozent Logistik- und Abwicklungskosten dazu kommen. Transport- und Lagerungskosten sind oft erheblich, da in vielen Schwellenländern die Infrastruktur schlecht und

Transport- und Lagerkapazitäten limitiert sind. Im Rahmen der Total Cost of Ownership Kalkulation (TCO) müssen außerdem Kosten für Zollformalitäten, Verzollung und Einfuhrgebühren sowie Versicherungsprämien addiert werden. (7)

Die Qualität der gelieferten Produkte differiert häufig von Land zu Land, sodass mit zusätzlichen Kosten für die Qualitätsprüfung, für Ausschuss und Retouren kalkuliert werden muss. Schließlich sollte man mögliche Währungsrisiken über Hedging oder andere Strategien absichern und in die TCO-Rechnung einbeziehen. (7), (8), (9), (10)

Erst wenn die TCO-Kalkulation eine Einsparung von mindestens 20 Prozent ergibt, sollte ein Lieferantenwechsel überhaupt in Erwägung gezogen werden. Denn die Lieferantenpflege mit Firmen, eine halbe Weltreise entfernt, ist trotz globaler Vernetzung über Internet und Email nach wie vor eine komplexe Aufgabe. Kulturelle Unterschiede erfordern oft differenzierte Verhandlungstaktiken und Qualitäts- und Umweltstandards sowie Arbeitsbedingungen entsprechen meist nicht den gewohnten Weststandards. Als Risikofaktor sollte auch die Rechtslandschaft eines potentiellen Zulieferlandes durchleuchtet werden, da in manchen Ländern beispielsweise die Verletzung von Markenrechten als Kavaliersdelikt angesehen wird bzw. bei

Vertragsstreitigkeiten eine andere Rechtsauffassung als gewohnt vertreten wird. (7), (9)

Trotzdem kann die Beschaffung in Schwellen- und Entwicklungsländern enorme Kostenvorteile bringen. Zusätzlich sind viele dieser Länder interessante Zukunftsmärkte, die sich durch bereits bestehende Kontakte oder Einkaufsbüros leichter erschließen lassen. Diese Strategie wurde bereits sehr erfolgreich von einigen europäischen Automobilproduzenten in China verfolgt. (2), (11)

Strategien für das Global Sourcing

Nur die wenigsten Unternehmen sind in der Lage, den Einstieg in umfassendes Global Sourcing ohne externe Hilfe zu schaffen. Zu vielfältig sind die Informationen und Anforderungen, die zu beachten sind. Viele Unternehmen bauen deshalb auf die Unterstützung von externen Beratern, die bereits Global Sourcing Konzepte entwickelt und umgesetzt haben. Auch die Zusammenarbeit mit Einkaufsdienstleistern, die auf Sourcing-Büros in interessanten Lieferländern zurückgreifen können, mag eine durchaus erwägenswerte Alternative darstellen. (3), (13), (14)

Ob mit oder ohne externe Hilfe sollte der globalen Lieferantensuche eine detaillierte Bedarfsanalyse vorausgehen. Danach werden in Frage kommende Zielländer, deren Industrien sowie die logistischen Möglichkeiten untersucht. Nur wenn die Ergebnisse dieser Untersuchung zufriedenstellend sind, macht es Sinn, mit möglichen Lieferanten in Kontakt zu treten. Ob ein Lieferant über notwendige Kompetenzen sowie Maschinen- und Personalkapazitäten verfügt, lässt sich meist nur durch persönliche Besuche und Gespräche abklären. (3)

Da künftig mehr und mehr strategische Partnerschaften gefragt sein werden, sollte bei der Bewertung von möglichen Lieferanten das Innovations- und Entwicklungspotenzial eine bedeutende Rolle spielten. Analysemethoden wie External Balanced Scorecard oder andere Werkzeuge können hierbei gute Dienste leisten. (3), (13), (14)

Erweisen sich die Ergebnisse als vielversprechend und preislich interessant, sollte mit mehreren Probelieferungen oder der Bestellung von strategisch unwichtigeren Produkten evaluiert werden, ob die Lieferkette zufriedenstellend funktioniert. Damit ist allerdings die Aufgabe noch längst nicht abgeschlossen. Um aus dem ausländischen Lieferanten einen Supply-Partner zu machen, müssen

Produktions-, Prozess- und Qualitätsverbesserungen verfolgt und begleitet werden. Lokale Einkaufsrepräsentanzen können sich hier als vorteilhaft erweisen. (2), (12)

Ohne entsprechende technische Hilfsmittel dürfte sich das Finden nicht nur des billigsten sondern vor allem des besten Lieferanten trotzdem als schwierig erweisen. Allein die TCO-Kalkulation für Teile von Lieferanten aus den verschiedensten Ländern der Welt erweist sich ohne entsprechendes IT-System als kaum zu bewältigende Herkulesaufgabe. Will man dazu weitere Beurteilungskriterien wie Qualität, Liefertreue, Innovationsfähigkeit oder Flexibilität für eine objektiven Analyse einfließen lassen, ist ein Lieferantenbewertungstool unerlässlich. (5), (6), (13), (14)

Fallbeispiele

Der Gildemeister Konzern wurde Ende 2004 mit dem BME Innovationspreis für sein innovatives Beschaffungsmanagement-Konzept ausgezeichnet. Eine der tragenden Säulen des Konzepts ist das integrierte Global Sourcing. Mithilfe unterschiedlicher Global-Sourcing-Strategien wird ein globales Lieferantennetzwerk aufgebaut. Im Mittelpunkt der Lieferantenbeziehungen steht die kooperative Zusammenarbeit. (15)

Auf ein umfangreiches Erfahrungspaket mit internationalen Lieferanten kann der Karstadt-Quelle-Konzern zurückgreifen. 26 Einkaufsbüros weltweit stellen sicher, dass bei den zuverlässigsten Lieferanten zu attraktivsten Konditionen eingekauft wird. (2)

Mithilfe des globalen Einkaufsnetzwerks von Masai Sourcing wurde der Einkauf von Maschinenbau-Komponenten des Schienenfahrzeugherstellers Alstom verbessert. Einsparungen von bis zu 65 Prozent sind das Resultat der daraus entstandenen neuen Lieferantenbeziehung mit einem Hersteller in Osteuropa. (3)

Der Beschaffungsdienstleister Inverto unterstützt mit sogenannten Co-Sourcing-Projekten bei der Optimierung von Lieferantenportfolios. Die TCO-Ermittlung wird dabei ebenso genutzt wie elektronische Ausschreibungs- und Auktionswerkzeuge. Dass dabei auf mögliche Lieferanten rund um den Erdball zugegriffen wird, ist selbstverständlich. (14)

Die SEW Eurodrive versucht sein Lieferantennetzwerk durch die Nutzung eines Lieferantenbewertungs-Tools zu optimieren. Dieses IT-System wurde mit Unterstützung des Fraunhofer Instituts für Produktionstechnologie, Aachen (IPT) und des Werkzeugmaschinenlabors der RWTH, Aachen (WZL) entwickelt. (13)

Hilfreich bei der Datenbeschaffung für das Global Sourcing ist das kostenlose Global Sourcing Portal des Centrums für Supply Management und des BME sowie der BME-Leitfaden Internationale Beschaffung. (16), (www.supply-markets.com)

Weiterführende Literatur

(1) Der Markt für Obst
aus Agrarwirtschaft 54 (2005), Heft 1, Seite 069

(2) Wo Karstadt shoppen geht
aus McK Wissen, Heft 10/2004, S. 62-69

(3) Chancen und Risiken durch Global Sourcing Gute Vorbereitung sichert den Einkaufserfolg
aus Industrieanzeiger, Heft 30, 2003, S. 36

(4) Die Nähstube der Welt
aus TextilWirtschaft 49 vom 02.12.2004 Seite 020

(5) 39. BME-Symposium Einkauf und Logistik in

Berlin Es geht nicht immer nur um den Preis
aus Industrieanzeiger, Heft 49, 2004, S. 59

(6) Konsortial-Benchmarking im Einkauf
Schnittstellen werden zu Nahtstellen
aus BA Beschaffung aktuell, Heft 8, 2004, S. 40

(7) Bogaschewsky, Ronald, Schlüsselfaktor fürs Global Sourcing, DVZ, Nr. 234, 19.10.2004
aus BA Beschaffung aktuell, Heft 8, 2004, S. 40

(8) Hedging ist eine vielschichtige Aufgabe
aus Frankfurter Allgemeine Zeitung, 20.09.2004, Nr. 219, S. 20

(9) Intelligenter, flexibler, schneller
aus McK Wissen, Heft 10/2004, S. 70-73

(10) Entscheidungskriterien richtig gewichten
Strategien des Global Sourcing
aus Beschaffung aktuell, Heft 4, 1998, S. 38

(11) OEMs und Automobilzulieferer auf dem chinesischen Markt Goldgräberstimmung fehl am Platz
aus BA Beschaffung aktuell, Heft 8, 2004, S. 48

(12) Der Paradigmenwechsel vom Einkauf zum Supply Management (Teil 14) Es gibt ihn, es gibt ihn nicht, es gibt ihn, ...
aus BA Beschaffung aktuell, Heft 8, 2004, S. 28

(13) Wer bringt's wirklich?

aus LOGISTIK HEUTE, Heft 12/2004, S. 32

(14) Eigene Ressourcen ergänzen Co-Sourcing als Erfolsfaktor im Einkauf
aus BA Beschaffung aktuell, Heft 11, 2004, S. 40

(15) BME Innovationspreisträger 2004: Gildemeister AG, Bielefeld Mit drei Säulen zum Erfolg
aus BA Beschaffung aktuell, Heft 12, 2004, S. 30

(16) O. V., Ohne Titel, DVZ, Nr. 324, 19.10.2004
aus BA Beschaffung aktuell, Heft 12, 2004, S. 30

Impressum

Global Sourcing

Bibliografische Information der deutschen Nationalbibliothek

Die Deutsche Nationalbibliothek verzeichnet diese Publikation in der deutschen Nationalbibliografie; detaillierte bibliografische Daten sind im Internet über http://dnb.d-nb.de abrufbar.

ISBN: 978-3-7379-1043-9

© 2015 GBI-Genios Deutsche Wirtschaftsdatenbank GmbH, Freischützstraße 96, 81927 München, www.genios.de

Alle Rechte vorbehalten. Dieses Werk ist einschließlich aller seiner Teile – z.B. Texte, Tabellen und Grafiken - urheberrechtlich geschützt. Jede Verwertung außerhalb der Grenzen des Urheberrechtsgesetzes bedarf der vorherigen Zustimmung des Verlags. Dies gilt insbesondere auch für auszugsweise Nachdrucke, fotomechanische Vervielfältigungen (Fotokopie/Mikroskopie), Übersetzungen, Auswertungen durch Datenbanken oder ähnliche Einrichtungen und die Einspeicherung und Verarbeitung in elektronischen Systemen.